HISTOIRE

DU

COLLÈGE DE MOISSAC

DEPUIS

SA FONDATION JUSQU'A NOS JOURS

PAR

Émile DARIO

CHEVALIER DE LA LÉGION D'HONNEUR
OFFICIER DE L'INSTRUCTION PUBLIQUE
PROFESSEUR HONORAIRE D'HISTOIRE

TOULOUSE
IMPRIMERIE ET LIBRAIRIE ÉDOUARD PRIVAT
45, RUE DES TOURNEURS, 45

1895

HISTOIRE

DU

COLLÈGE DE MOISSAC

HISTOIRE

DU

COLLÈGE DE MOISSAC

DEPUIS

SA FONDATION JUSQU'A NOS JOURS

PAR

Émile DARIO

CHEVALIER DE LA LÉGION D'HONNEUR
OFFICIER DE L'INSTRUCTION PUBLIQUE
PROFESSEUR HONORAIRE D'HISTOIRE

TOULOUSE

IMPRIMERIE ET LIBRAIRIE ÉDOUARD PRIVAT

45, RUE DES TOURNEURS, 45

—

1895

HISTOIRE

DU

COLLÈGE DE MOISSAC

Ce Collège qui, durant une période trois fois séculaire, a vu se presser, au pied de ses chaires, la jeunesse studieuse des régions d'alentour, dut son origine à un conflit. Les mœurs de ces temps reculés et l'état de notre société rendraient, sinon peu intelligibles, du moins peu intéressantes, les péripéties de ce débat. Sans donc nous laisser entraîner hors de notre étude par le récit des antagonismes qui mirent aux prises des acteurs si importants, nous croyons cependant devoir en présenter un exposé rapide, en forme de prologue.

Les Bénédictins de Moissac, à l'encontre de l'archi-abbé de Cluny, jaloux de maintenir sur eux la suprématie spirituelle de sa maison, ambitionnèrent d'être sécularisés, c'est-à-dire d'être affranchis des dures et minutieuses prescriptions de la règle si absolue des cloîtres; ils voulurent, rendus au siècle, y jouir de la liberté relative du clergé resté dans le monde et y vivant, sans autre obligation que la fidélité aux vœux imposés par le sacerdoce.

Relativement à Cluny, les Bénédictins de Moissac pouvaient s'autoriser d'un précédent tout en leur faveur. Le 21 juillet 1462, l'archevêque de Toulouse, en personne, fulmina, à Moissac, une bulle du pape Pie II, déclarant que l'abbé et le chapitre de Moissac étaient indépendants de Cluny et ne relevaient que du Saint-Siège. Mais ce ne fut là que l'ouverture d'une action dont les scènes, se reproduisant avec une monotone uniformité, ne devaient s'arrêter qu'au dénouement qui est le premier chapitre de notre histoire. Nous sommes au point où de la complication des incidents l'intervention royale va faire sortir la solution.

A l'exemple de son père Henri IV qui avait signé, de sa propre main, un bref accordant à l'abbé et au couvent les pouvoirs nécessaires pour, sous le bon plaisir du très Saint-Père le Pape, transmuer leur régularité en sécularité, le roi Louis XIII appuya de toute l'autorité de son nom les démarches des religieux. Il adressa une supplique au Saint-Siège. Cette sollicitation du fils aîné de l'Eglise, mettant ainsi en relief la supériorité hiérarchique de son chef au point de vue spirituel, ne devait pas rester longtemps sans réponse. Le 7 juillet 1618, le pape Paul V, par une bulle donnée à Sainte-Marie-Majeure, sécularisa l'abbaye de Moissac. Toutefois, avant la fulmination, l'official de Cahors à qui elle était adressée dut s'assurer, par une enquête, des faits et des circonstances qui la motivaient. Une enquête! c'est là, pour user de l'argot contemporain, le clou rivé à la persévérante poursuite des moines. Au moment d'atteindre le but, il pouvait résulter de l'enquête que ce demi-triomphe ne serait qu'une scène de plus ajoutée aux tentatives antérieures. Parmi les principaux déposants figuraient les consuls et les membres de la communauté de Moissac. Or, dès le début et jusqu'au terme où nous sommes, l'assemblée de l'hôtel de ville s'était montrée contraire aux prétentions de l'abbaye. Elle maintint officiellement son opposition ; mais cette opposition, soutenue jusque-là avec tant d'énergie, n'était pas telle qu'on n'y pût trouver un coin faible par où il fût possible d'en triompher. Ce coin faible, c'est l'intérêt. Non pas cet intérêt, entendu à la façon de Figaro, laissant de côté les grandes phrases d'honneur et de dévouement, et disant à Almaviva : « je n'ai qu'un mot : mon intérêt vous répond de moi ; pesez tout à cette balance... » non ! l'intérêt de la communauté : c'était ce levain d'où procède l'exaltation d'un dévouement généreux au bien public, qu'il s'agisse d'un Etat, d'une province, d'une simple agrégation d'hommes dans une ville si minime qu'elle soit.

Nous sommes à la jonction de deux siècles par la fin du seizième et le commencement du dix-septième. La centralisation n'avait pas alors, comme de nos jours, muré, sur un seul point, l'épanouissement des arts et des lettres. Depuis Valentine de Milan, l'étoile du matin de ce renouveau des lettres dont son fils fut le poétique avant-coureur, la Renaissance était partout. Elle était sur les bords de la Seine, elle était sur les bords de la Loire, dans ces merveilleux châteaux, rivaux non éclipsés du Parthénon et du Pœcile. Nos rois s'y étaient montrés aussi fiers de leur cour de lettrés et d'artistes que de leur galante et valeureuse noblesse. L'historien de cette humble maison, destinée à des travaux scolaires, ne juge pas inutile de s'attarder, par un bref retour sur ces époques où, en attendant Ronsard, le roi des poètes, Marot, le poète des rois, baptisait de son nom le style de Villon, cette langue si souple, si naïve, dans laquelle le sanglot attendrit parfois de sa note douloureuse la trop exubérante gaieté du rire. Les manuscrits des poètes, des philosophes, des orateurs, des historiens d'Athènes et de Rome, exhumés de la crypte des monastères, étaient devenus par l'imprimerie la monnaie courante du commerce des intelligences. Chacun, suivant son goût et la nature de son génie, muni d'un de ces chefs-d'œuvre, put dire à leur auteur, comme Dante a Virgile :

Tu sei lo mio maestro é'l mio autore.

Il y eut dans l'air une sorte de volatilisation des humanités grecques et latines. Il neigeait des sonnets; il neigeait des odes et des odelettes, et ces compositions fixèrent, dans un contour plus arrêté, l'eurythmie de la langue, tout en concentrant l'arôme que laisse évaporer le long poème. Toutefois l'harmonie ne fut pas telle, parmi les concertants, qu'il n'y eût des indisciplines ambitieuses. Les révolutions littéraires ont aussi leurs anarchistes qui menaçent de tout engloutir. Le besoin d'un dictateur s'y fait sentir. Or, ce dictateur était né.

Enfin Malherbe vint...

Si, comme aux dictateurs politiques trop absolus, on a pu reprocher à Malherbe d'avoir été le tyran des mots et des syllabes, il ne lui sera pas dénié d'avoir, en créant le système métrique de Corneille et de Racine, taillé les matériaux qui devaient servir à la construction de l'édifice poétique de deux siècles entiers. Le même esprit, dit Proudhon, qui a fait inventer aux modernes l'algèbre, la géométrie analytique et le calcul différentiel est celui qui a créé le système

métrique de Corneille et de Racine. On était donc en pleine
réformation littéraire. Au milieu des effervescences que sus-
cite toute réformation, comment les consuls se seraient-ils
résignés à ne voir dans Moissac et sa contrée qu'une épaisse
Béotie, sans autre gloire que la richesse de son terroir?

Ils ne l'entendirent pas ainsi. Ils voulurent, par la fondation d'un collège, faire revivre l'époque lointaine rappelée
par les effigies de pierre de leur cloître. « Mais un tel établissement exigeait des largesses, et les consuls de Moissac,
malgré la splendeur de leur nom, n'avaient pas le pouvoir
des consuls romains. » (Ernest Roschach.) Là fut l'intérêt qui
les rendit accessibles aux obsessions des moines. Pesez tout
à cette balance. En un des plateaux ils firent peser de tout
son poids leur acquiescement à la sécularisation, attendant
que, dans l'autre plateau, l'abbaye mît l'engagement de
fournir les fonds nécessaires au groupe scolaire qu'ils médi-
taient d'établir. Il y eut bien des tiraillements et des
marchandages. Après de longs et nombreux pourparlers on
finit par s'entendre.

« L'acte qui le constate fut rédigé à Toulouse, au palais de
« l'archevêché, le 3 juin 1601, et retenu par Aymar de Jarrie,
« notaire, étant présents : l'abbé François de Lavalette de
« Cornusson, évêque de Vabres, agissant tant en son propre
« nom qu'au nom du chapitre, et les consuls et syndics de
« l'abbaye de Moissac. »

Lagrèze-Fossat.

Le sixième article de cet acte porte

« Que si un collège de Jésuites n'était pas établi à Moissac
« deux ans après la sécularisation, l'abbé serait tenu de

« prélever une somme de cent écus sur le premier prieuré
« vacant pour y être affecté, avec la pension de cent écus,
« pour la chanoinie préceptoriale, et une autre pension de
« quarante écus qui était due par l'abbé aux gages des
« régents du collège, que ces régents fussent Jésuites ou
« non. »

                                        « Lagrèze-Fossat. »

D'après le septième article, le collège, rien de plus légitime, devait porter le nom du seigneur abbé. Comme nous
venons de le voir. il s'appelait Lavalette de Cornusson,
évêque de Vabres, en Rouergue. Cette inscription *Collegium
Cornussanum sive Valettense*, ou toute autre inscription
qui lui conviendrait, devait transmettre à la postérité la plus
reculée que messire de Lavalette avait été, au pied de ces
collines qui sont les derniers prolongements des causses du
Quercy, le restaurateur des sciences et des lettres. L'histoire
est sacrée ; sa sévère impartialité ne s'accommode pas de
ces apparences hyperboliques, les titres en fussent-ils gravés,
en lettres d'or, sur le marbre ou l'airain. Le débat sur la
sécularisation, montre, hélas ! que nous sommes loin de ces
temps où, les monastères étant des écoles, les Bénédictins de
Moissac, sous la forte discipline de Durand, d'Hunaud,
d'Ansquitilius et de Roger, écrivaient, sur le parchemin des
in-folio, ces archives qui sont une si précieuse source de
documents pour les historiens de ces époques reculées.
Comme les lutteurs des Lampadedromies passant à d'autres
lutteurs la torche éteinte dans la course, les Bénédictins de
l'abbaye, après avoir si glorieusement parcouru le stade
dans l'arène des sciences et des lettres, s'en retiraient, aban-

donnant à des ordres nouveaux le soin d'éclairer les générations.

Tout allait pour le mieux. Cependant, dans les deux camps, s'entendaient les sourds frémissements qui précèdent les batailles plus qu'ils ne suivent les traités de paix. Car, si en ces temps la déesse Discorde ne jetait plus des pommes d'or dans les festins des dieux, elle n'avait pas pour cela quitté la terre; au contraire, jamais son malfaisant pouvoir n'avait engraissé le sol de plus d'hécatombes humaines. La guerre était partout. Mais, chose singulière! les champs de bataille, d'où montait la vapeur du carnage, n'étaient pas son théâtre de prédilection; ce qu'elle aimait par-dessus tout, c'était le va-et-vient des Cordeliers aux Minimes. Nous la trouvons alors à Moissac, cherchant à paralyser la noble pensée des consuls; elle avait traîtreusement fait glisser dans la rédaction de l'acte et, je le crains bien aussi, dans la bonne volonté des contractants, certaines obscurités, au moyen desquelles les religieux prétendirent se soustraire aux conséquences de la donation. Les choses revinrent au point de départ. Les consuls tinrent bon. Point d'argent, point de sécularisation! Il fallut s'exécuter. Messire de Lavalette accorda, sa vie durant, pour l'entretien du futur collège, une somme de cent vingt livres et, après sa mort, la jouissance d'une préceptoriale. La préceptoriale était un appendice du collège, une portion des biens d'une église cathédrale ou collégiale affectée à un maître de grammaire. Dès lors, toute opposition cessa. Il y avait victoire des deux côtés.

Suivant les mœurs d'une époque où l'Église enveloppait dans la splendeur de ses fêtes toutes les réjouissances publiques, elle prêta à la célébration de cette paix une pompe inaccoutumée. Au carillon de ses cloches, qui remplissaient l'air de leurs plus triomphantes sonneries, les moines défilèrent en une longue procession à laquelle assistèrent la population et les consuls revêtus de leurs insignes. Ce n'était plus, hélas! comme au temps de leurs grands homonymes romains, la trabée ornée de larges bandes de pourpre; au lieu de licteurs armés des faisceaux surmontés de la hâche, marchaient, à pas comptés, de graves appariteurs avec leur masse à tête d'argent. Le soir du même jour, les religieux, ayant l'abbé à leur tête, au milieu d'un grand concours de clercs séculiers et d'habitants de la ville, étaient réunis dans la salle capitulaire. A l'appel de leur nom, ils se rendirent, un à un, devant l'official qui, prononçant les paroles sacramentelles, les dépouilla, l'un après l'autre, du capuchon et de l'habit monacal, les revêtit du surplis et plaça l'aumusse sur leur bras gauche. Ils étaient affranchis des prescriptions de la règle et ne comptaient plus que dans les rangs du clergé séculier. Cela fait, on s'occupa du collège.

Le seigneur abbé, la commune, les États du Quercy, supportèrent les charges du nouvel établissement. Les Jésuites vinrent s'établir à Moissac pour y enseigner les belles-lettres. Que fut cet enseignement et à quel nombre d'élèves fut-il donné? nous ne pouvons le dire. Le collège n'eut d'ailleurs qu'une durée éphémère, car, à la mort de messire de Lavalette, la validité de la donation fut contestée; un procès fut intenté par la commune, et les Jésuites, peu confiants dans l'issue du nouveau conflit, disparurent pour ne plus revenir.

C'en était donc fait! Cette généreuse fondation, obtenue avec tant de peine par la persévérance des consuls, croulait, dès son début, dans un piteux avortement.

Et cet avortement coïncide avec le plus glorieux honneur qu'il nous ait été donné de découvrir dans toute la série des annales de l'abbaye. Elle eut alors pour abbé le premier ministre de France, le successeur de Richelieu, le cardinal Jules de Mazarin, un type accompli de la Renaissance. Que ce fossile vivant des temps de Cosme de Médicis et de Laurent le Magnifique, auteur de petits vers à la façon de Bensérade, n'ait vu, sur le grand-livre de l'abbaye, que ses gros revenus, sans tourner le feuillet sur lequel était écrite la donation de messire de Lavalette, cette inattention, dénuée de ces scrupules auxquels il était fort sujet, en matière de finances, ne doit pas nous surprendre. Il était engagé, lui aussi, dans un double procès à coups de canon : procès à l'intérieur avec les Importants, le Parlement et les Princes ; procès avec l'Europe coalisée dans la dernière période de la guerre de Trente ans. Souvenons-nous de Rocroy, de Fribourg et de Nordlingue, mais souvenons-nous surtout du collège des Quatre-Nations, le plus richement doté des collèges de Paris. Il n'a cessé d'exister, à la Révolution française, que pour livrer ses bâtiments à l'Institut de France et à la Bibliothèque Mazarine, formée à si grands frais « pour la commodité des gens de lettres. » Consolons-nous de l'oubli de Mazarin, en songeant que les revenus de l'abbaye ont pu fournir leur part contributive à cette riche collection de tableaux et de statues, au milieu desquels il mourut presque, pleurant d'avoir à les quitter, après avoir dépensé des sommes si considérables pour les réunir. N'avons-nous pas d'ailleurs, pour deuxième fiche de consolation, un monument de sa libéralité envers nous : l'orgue puissant du moustier?

Notre habitude obligée des rapprochements historiques

nous fera pardonner, j'espère, de rappeler, par une courte digression, un nom étranger à ce sujet. Les critiques m'accorderont d'autant plus d'indulgence que celui qui le porte a fait dans notre Quercy les premiers pas de sa fortune politique; c'est le cardinal George d'Amboise. Par un privilège qui peint les mœurs d'une époque, George d'Amboise fut évêque de Montauban à l'âge de quatorze ans. Après avoir été comme son maître, le duc d'Orléans, victime de l'énergie politique d'Anne de Beaujeu, ce frondeur du quinzième siècle exerça, quand Louis fut roi, un pouvoir incontesté. Seulement, il ne montra pas non plus, en matière de finances, un désintéressement auquel dut être inutile le bénéfice des circonstances atténuantes. Ces circonstances, il les trouva, ainsi que Mazarin plus tard, dans la protection généreuse et éclairée qu'il accorda à toutes les manifestations de l'art. Autour d'Anne de Bretagne qu'à sa piété candide on dirait une figure détachée des vitraux d'une cathédrale, il avait réuni avec profusion toutes les élégances d'Italie. Nous rentrons maintenant, pour ne plus le quitter, dans notre sujet duquel tout nous conviait à nous écarter : l'influence exercée sur les progrès de l'art par les deux ministres et le nom des reines si intimement mêlées à leur histoire.

D'après ce qui a été dit plus haut, peu s'en faut qu'après tant de péripéties nous n'ayons à clôturer notre récit par une épitaphe. Les Jésuites se sont dérobés. Le successeur de messire de Lavalette est acculé, dans les troubles de la Fronde, à la nécessité de défendre sa personne et la cour contre les Parlements, les princes, les Parisiens déchaînés. Les consuls sont réduits à l'impuissance. Eh bien, c'est dans cette crise, qui semblait une défaite sans lendemain, qu'un riche bourgeois prit en main la noble cause du collège et la

— 15 —

fit triompher. Sa fondation fut une construction solide. Il n'a fallu rien moins que le choc de la Révolution française pour l'ébranler.

Ce bienfaiteur généreux, ce propagateur de l'éducation et de l'instruction des foules, s'appelait Antoine Hébrard. Ce nom oublié, nous devrions tous nous en faire un titre de gloire; le pays devrait l'épeler, avec reconnaissance, dans une inscription en lettres d'or, sur le tympan de la porte principale du collège.

Antoine Hébrard donna des immeubles et constitua des rentes assez considérables pour que les consuls pussent appeler à Moissac la Congrégation des Doctrinaires. Des propositions très avantageuses furent faites au provincial de la province de Guyenne, et l'évêque de Cahors, Mgr Alain, donna son consentement. C'est même dans le château épiscopal de Mercuès, près Cahors, que l'acte fut signé, le 22 avril 1659.

A la Saint-Luc, c'est-à-dire à la mi-octobre, les Doctrinaires, suivant le style un tant soit peu barbare des contrats, « devaient être constitués pour faire l'exercice d'enseigner les bonnes lettres à perpétuité, et, pour cet effet, lesdits Pères seront obligés de fournir et bailler régents savants et capables. »

Il fut impossible d'organiser l'enseignement complet dans la première année. Les éléments, ce qu'en industrie on nomme la matière première, manquaient. On n'avait pas d'élèves pour les classes supérieures ; mais, au bout de trois à quatre ans, par suite du mouvement naturel et régulier des études, le collège embrassa dans son universalité le programme de ce qui alors était enseigné dans les écoles. Ce programme portait à son sommet la philosophie. La philosophie ! Peut-on prononcer ce mot sans faire remarquer de quel éclat les Doctrinaires ont rayonné, jusque dans notre temps, par la philosophie ? C'est d'eux que partit, contre le sensualisme, le mouvement de réaction spiritualiste. Le philosophe qui porta les premiers coups avait été un des maîtres de cette maison, c'est Laromiguière. Nous ne pouvons pas dire ce qu'était son enseignement pour un auditoire d'enfants ; cependant nous pouvons nous en faire une idée par ce qu'il fut plus tard pour un auditoire d'hommes. « Ceux qui l'ont connu, lisons-nous dans M. Taine, disent que sa conversation avait un charme dont on ne pouvait se défendre et ses leçons furent une conversation ; il n'avait pas l'air d'être en chaire, il causait avec ses élèves comme un ami avec ses amis. » Voilà ce qu'était l'enseignement de Laromiguière à la faculté des lettres de Paris, et c'est, sans aucun doute, ce qu'il devait être, avec un ton de paternité plus accentuée, au collège des Doctrinaires de Moissac. Son livre, sur les causes et les origines de nos idées, est dans les mains de tous ceux qu'agite la noble préoccupation des problèmes philosophiques. Après avoir été l'apôtre ingénieux des doctrines de Locke et de Condillac, Laromiguière s'écarta de ces maîtres par une sorte de compromis entre l'empirisme d'Aristote et l'idéalisme de Descartes. A côté de la passivité de l'âme dans la sensation, il établit son activité par une faculté supérieure et générale qu'il appelle sentiment. C'est l'alliance de la sensation et du sentiment. Royer-Collard, un autre disciple de la doctrine, pénétra dans la place par une plus large brèche et procéda à sa démolition. Il a même estampillé du nom de ses maîtres le mouvement philosophique et le mouvement politique les plus marquants du dix-neuvième siècle. « A partir de 1811, dit encore

M. Taine, en parlant de Royer-Collard, la philosophie a été un acte de foi écrit en style de dictateur. » C'est, d'une part, le spiritualisme ramené dans la société démoralisée, et, d'autre part, le régime constitutionnel. A cette école se formèrent Victor Cousin, Jouffroy, Damiron, et par eux la continuèrent tous ces maîtres qui enseignent encore aujourd'hui avec tant d'éclat et d'autorité.

Et maintenant, qui de nous ne se souvient d'avoir vu passer dans nos rues cette épave de l'ancien collège, devant qui tout le monde se levait avec respect comme à Sparte les jeunes gens se levaient devant les vieillards ? M. Bource n'avait été qu'élève des Doctrinaires de Moissac, mais admis dans la congrégation le 20 août 1788, il fut un de ses maîtres les plus distingués au collège de Périgueux. La suppression des ordres religieux le mit en pleine liberté de disposer de sa personne. Il enseigna avec éclat à Sainte-Barbe, et l'association des Barbistes l'élut pour son président perpétuel. M. Bource fut enfin instituteur de M. de Kergorlay, et il a joui, jusqu'à son dernier jour, d'une pension considérable servie par cette noble famille. Sa fidélité à l'engagement pris envers elle l'empêcha d'être l'instituteur de ce duc d'Orléans, victime d'un accident si tragique en 1842.

Ceux qui ont eu le bonheur d'échapper à la matérialisante absorption des intérêts et des affaires connaissent les leçons de philosophie de M. de Cardaillac, professeur à la Sorbonne et maître de conférences à l'École normale. M. Bource en a été le rédacteur. « Nul, disait M. de Cardaillac, n'a mieux que M. Bource reproduit l'esprit de mon cours. »

M. Bource a passé ses dernières années dans la familiarité des poètes latins, notamment de Juvénal, dont il a laissé une traduction. Il entremêlait à ses causeries des souvenirs de

2

ses anciens maîtres. Son nom nous a ramené tout naturellement à l'ancien collège dont nous nous serions moins écarté si nous n'avions pas été si soucieux de mettre en évidence ses anciennes gloires.

C'est dans le collège des Jésuites que les Doctrinaires, en vertu du contrat signé à Mercuès, donnèrent leurs premières leçons. Pendant ce temps on construisait, sous leur direction, les bâtiments du collège actuel, sur les terrains dont les consuls et les syndics leur avaient fait abandon. Ce que nous en possédons aujourd'hui est loin d'égaler ce qui en faisait les dépendances. L'édifice régnait autrefois sur une vaste étendue, prolongée par des jardins ; de chétives constructions n'étaient pas venues le masquer en s'adossant à ses murailles.

En 1865, M. de Caumont, organisateur des Congrès scientifiques de province, réunit dans le cloître de Moissac un synode d'archéologues. Cette caravane de savants signala au collège « une fenêtre en croix brique et pierre. » C'est tout. Si le hasard qui, à la descente de la gare, lui fit remonter la rue Saint-Martin, l'eût engagée sur l'un des deux côtés du canal, elle aurait à coup sûr remarqué la fenêtre en pierre d'un belvédère. Particularité remarquable ! l'angle absent du fronton de son tympan laisse un espace vide qu'un piedoche remplit et domine de son rehaussement. A quel objet ce socle servait-il de support ?

Était-il dieu, table ou cuvette ?

Nous ne pouvons le dire. Aussi ne saurions-nous trop regretter que ce détail ne soit pas tombé sous le regard de ce monde de savants. Il eût, à coup sûr, suscité un cliquetis de conjectures et dissipé notre ignorance. Représentait-il Antoine Hébrard? Le peu de reconnaissance dont les villes payent ordinairement les services de leurs bienfaiteurs rend peu probable cette hypothèse. C'était peut-être César de Bus, le fondateur de la congrégation. Une peinture le représente dans le sanctuaire que les Doctrinaires ont bâti. Nous ne laisserons pas échapper la bonne fortune de relever notre terne écrit par ce fin croquis, dû au pinceau de M. Roschach, critique d'art aussi délicat que savant archéologue.

« Dans la modeste, mais gracieuse église qui est si près de vous, et que vous avez tant de fois visitée, vos yeux se sont peut-être arrêtés sur un tableau d'un aspect sombre et sévère. Le dessin est incorrect, la couleur froide et terne ; mais un parfum de recueillement et d'étude semble s'en échapper. C'est le portrait en pied d'un homme à la barbe déjà grisonnante, à la figure sérieuse, mais douce, et dont le corps disparaît dans les plis d'une robe noire. De la main droite il montre un livre où l'on peut lire ces paroles : « Glorifiez le Seigneur dans la science, *In doctrinis glorificate Dominum*. » Cette peinture, pieux souvenir laissé par les Doctrinaires dans le sanctuaire qu'ils ont bâti, représente le fondateur de cet ordre savant, l'illustre César de Bus. »

. . . .

A notre humble avis, le monument tout entier méritait de fixer, autrement que de loin et à l'imprévu, le regard distrait de cette procession d'archéologues. Les proportions de l'édifice, la distribution de toutes les parties du plan où tout est ménagé pour que nul détail ne puisse rester inaperçu, sont du plus bel effet. Au-devant de l'arrivant du quartier Saint-Benoît vers la ville, l'aile droite s'abaisse, comme pour lui permettre de suivre l'élégante file de modillons et d'oves sculptés qui ornent sa corniche, prolongée à l'aile gauche sous le toit de la chapelle. La perspective n'offre pas moins de grâce et de facilité pour ceux qui débouchent de la rue de la Sous-Préfecture sur le boulevard. La même série d'ornements sollicite le regard, dans une direction opposée vers l'aile droite. Quelques pas encore et l'édifice s'étale aux yeux dans tout l'ensemble de sa majestueuse unité. A l'arrière du bâtiment, le mur n'a d'autre parure que trois assises de brique en redan.

Quant à la fenêtre qui a valu au collège l'honneur de figurer, au moins par les trois syllabes de son vocable, dans le compte rendu de la séance du cloître, nous ne pouvons nous défendre d'un peu de froissement à la lecture de cette sèche mention : « *brique et pierre* », c'est tout. Cette fenêtre est établie sur un trumeau à panneau biseauté, avec pointe en diamant dans le milieu ; sur ce trumeau deux modillons en amortissement supportent une corniche, qui reçoit deux pilastres à côté desquels sont deux grandes consoles. Le tailloir de leurs chapiteaux se continue pour recevoir une frise avec cordon. Au-dessus de ce cordon s'arrondit gracieusement l'archivolte de la croisée. Comme si ce n'était pas assez de tous ces détails pour flatter cet instinct de la variété qui fleurit au fond de l'âme humaine, l'artiste a ajouté le contraste des couleurs par l'alternance de la pierre blanche et de la brique rouge. Il nous souvient d'avoir lu qu'Henri IV, avec son imagination montagnarde et primesautière, exigea ce même effet de style pour son pavillon de chasse au château de Saint-Germain.

Cette fenêtre a pour nous un avantage bien précieux : sa hauteur isolée l'a sauvée du vandalisme des restaurateurs et nous permet, par la loi de la corrélation des formes appliquée aux œuvres d'art, de déduire ce qu'était et ce que serait encore l'édifice tout entier, si aux injures du temps ne se fussent superposées les injures plus meurtrières des hommes, si des badigeons criards, des couches de plâtre n'eussent pas enseveli sous leur fard épais cette couleur de feuille sèche que Chateaubriand aimait tant à trouver dans les vieux temples grecs échappés à l'action corrosive des âges.

Mais ce qui doit tirer de nos cœurs des gouttes de sang et des larmes de nos yeux, c'est la destruction de l'ancien portail. On sait que les architectes tiennent en réserve pour le portail leur coup de pouce le plus étudié. Avec ces modillons minuscules et ses moulures qui le liaient au cordon courant sur la façade, ce portail était une miniature de l'édifice tout entier.

Lugete veneres.....

Il n'existe plus.

Partout les villes d'art s'attachent jalousement à conserver intacts tous les vestiges de leur passé. Plus que toute autre, Moissac, si renommée pour les richesses de son cloître et de son moûtier, était tenue de se pénétrer de la religion de ce devoir. Il n'en a rien été. Ces merveilles devant lesquelles s'arrêtaient avec amour les admirateurs de la beauté antique ont disparu pour faire place à des maçonneries insignifiantes qu'on ne sait à quel ordre rattacher. Au collège, il ne nous reste pas même la possibilité d'une reconstitution du portail, tant l'anéantissement a été complet. Heureusement il nous reste la facilité de rendre à peu près à leur ancien état les autres parties de l'édifice, car, si c'est bien vainement que nous disputons au temps, cet insigne larron, notre jeunesse et nos joies et nos espérances, les ruines d'une maison se peuvent réparer. Il faudra peut-être un peu plus que cet éclat emprunté sous lequel la mère d'Athalie dissimulait des ans l'irréparable outrage ; cependant la dépense n'est pas en disproportion avec les ressources de la ville. Il n'est besoin que de quelques grattages prudents et, en certains points, d'un petit nombre de pastiches de modillons disparus. D'autres travaux de détail ne doivent pas entrer en ligne de compte. Nos pères savaient donner à leurs monuments la solidité des constructions cyclopéennes.

Les Doctrinaires enseignèrent au collège de Moissac, de l'an 1659 jusqu'à la Révolution française. C'est une période de cent trente ans. La gratuité de l'enseignement, si longtemps champ de bataille des partis politiques, était pratiquée largement et pour toutes les classes.

« Tous les enfants, dit M. Lagrèze, y étaient reçus sans distinction de fortune et de naissance ; ils étaient seulement assujettis à payer, à la rentrée, un droit fixe de dix-sept sols, destinés à couvrir les frais occasionnés par les conférences qui se faisaient, le dimanche, dans la salle de la congrégation. »

Comme de nos jours, l'enseignement classique commençait en huitième et suivait une progression descendante, jusqu'à son couronnement complet la rhétorique et la philosophie. La langue latine formait la base unique de l'enseignement des Doctrinaires. A cette époque, comme du temps de saint Augustin, on voyait quelque chose de merveilleux, de prédestiné dans cette puissante diffusion de la langue romaine. Elle était d'ailleurs, au milieu des langues modernes parvenues à leur entier développement, la langue officielle de l'Église, le lien universel de son unité. Le temps n'est pas même très éloigné où l'enseignement de la philosophie se donnait en latin, latin barbare, dans les établissements universitaires, et il existe encore, de nos jours, des établissements où ce latin démodé et proscrit a trouvé un refuge en quelque sorte inexpugnable. L'histoire, la géographie, les mathématiques étaient l'accessoire du latin. De langue vivante, pas un mot, si l'on excepte le français, à cette époque le luxe obligé de la société savante et polie de toute l'Europe, comme la langue de Platon dans l'antiquité. Ici les descendants de Francus, fils d'Hector (puisque Ronsard, dans son ambition épique, a voulu les rattacher à cette illustre origine), ici les descendants de Francus vont envier le sort de leurs devanciers dans ce collège. Le grec, hors de la province de Paris, était formellement exclu du programme des Pères de la Doctrine. Mais, à Moissac, si la Grèce, le génie de ses écrivains, de ses poètes, de ses orateurs, arrivait jusqu'à leurs élèves, ce n'était qu'une lueur affaiblie à travers le prisme moins rayonnant du génie latin. En revanche, le latin et toutes les autres parties du programme étaient enseignés avec dévouement, avec zèle, avec intelligence. Ajoutons, puisqu'il faut tout dire, que les stimulants du travail étaient d'une énergie heureusement tombée en désuétude. Pour maintenir leurs élèves dans la voie du bien, pour les guérir de ce péché capital qu'on appelle la paresse, les Doctrinaires ne s'en rapportaient pas toujours aux irrésistibles effets de la grâce, ou à cette douce persuasion que la muse de l'éloquence met sur la lèvre des orateurs. Enfin, il ne sert de rien d'ajourner, par des circonlocutions plus ou moins réussies; la terrible vérité : les moyens de répression étaient une imitation de la discipline des ergastules. C'étaient les procédés du cinglant Orbilius qui, les verges en main, inculquait à Horace les vers du poète Livius. Outre la table particulière où ces pénitents involontaires étaient soumis au menu des Pères du désert, le code de la maison admettait la férule et le fouet. Une leçon non étudiée, un devoir omis ou négligé, un signe d'inattention en classe tombaient sous les coup des articles de ce code vraiment draconien. Il atteignait même l'élève envolé de sa terrible cage. Le conflit, dans la famille, entre le principe de liberté et le principe d'autorité, était, sur la plainte des parents, sujet à une exécution immédiate, sans appel. Qu'un élève, sans s'être muni de l'anneau de Gygès, eût fait preuve d'un goût trop prononcé pour la treille du voisin ou pour les fruits savoureux de son figuier, il était sûr, dès sa rentrée au collège, d'avoir à se débattre contre un fouet moins métaphorique que le fouet vengeur des Euménides.

Un calendrier de la Renaissance, illustré par la main d'un cordelier *manchot*, nous permet de faire assister le lecteur à une de ces exécutions que la jolie main des mères de nos jours rendrait très compromettante pour les yeux du correcteur. — La Roquette, c'est l'intérieur d'une école. Au fond les élèves sont rangés autour d'une table. Au premier plan le professeur assis, la toque noire au front, la chausse jaune à l'épaule gauche, relève le vêtement du patient qu'il fouette avec un paquet de verges. Un camarade tient ouvert le livre où l'ignorant n'a pas su expliquer la préparation ; un autre serre les jambes du supplicié qui cherche à se débattre.

Et maintenant, si vous, les descendants de ces martyrs, vous sentez s'allumer dans vos veines les révoltes de l'orgueil irrité, écoutez et apprenez comment était traité le fils aîné du plus majestueux et du plus despote des rois de Louis XIV. La garde, qui veillait aux barrières du

Louvre, ne le défendit pas plus de l'assommoir que de la mort. Le Dauphin, le grand Dauphin, pour qui furent écrits le *Discours sur l'histoire universelle* et tant de traités si relevés, le Dauphin n'était pas à l'abri du même régime. Sous l'œil de Bossuet, Montausier brisait sur son dos la férule et le fouet. Aussi, quels effets merveilleux ! Dès que l'heure de l'affranchissement eut sonné, le Dauphin fut infiniment plus friand des soupers un peu plus que licencieux du duc de Vendôme que des doctes et des pieux entretiens. On l'avait rebuté pour la vie de toute noble pensée.

Tels étaient les procédés par lesquels nos bons aïeux étaient initiés à la science et à la vertu. Mais, chez les Pères de la Doctrine, ils n'étaient pas les seuls. Les nobles instincts étaient aussi aiguillonnés, et ils l'étaient par les moyens les plus capables d'agir sur les âmes généreuses : l'amour de la supériorité et la honte qui résulte de la paresse et de l'ignorance. L'émulation était excitée par deux examens dans les classes et surtout par un examen public à la fin de l'année. Nous disons un examen public. Non pas que les élèves fussent interrogés par leurs maîtres devant une nombreuse assistance; ils étaient livrés à l'érudition plus ou moins problématique de cette même assistance. Le programme des matières, vues dans l'année, était imprimé et libéralement prodigué aux mains capables de les manier. Or, en pareille occurrence, qui n'est pas capable de manier un tel programme? Tout assistant pouvait, à son gré, adresser des questions aux élèves. Bien des interrogateurs, tout en faisant valoir leur propre savoir, mettaient en évidence les progrès des élèves; d'autres, je suppose, étaient de vrais casse-cou, aussi funestes aux interrogés qu'à eux-mêmes. Les parents, témoins heureux ou malheureux de tant de péripéties, entraient ainsi pour beaucoup dans l'action exercée par les maîtres. Ces épreuves, subies sous l'œil de tous, étaient, on en conviendra, un exercice original et qui ne manquait pas de puissance. La distribution des prix était le couronnement de la solennité.

C'est dans la chapelle du collège, aujourd'hui l'église Sainte-Catherine, qu'avaient lieu les exercices et la distribution. Cette fête, qui n'attire plus que de paisibles et sympathiques spectateurs, n'était pas alors sans être quelquefois troublée par des orages. Les questions de préséance y déchaînaient assez souvent des tempêtes. Le 9 août 1863, M. Lagrèze lut l'émouvant historique d'une de ces séances. Je demande la permission toute spéciale de me refugier de ce souvenir dans des faits moins connus. Alors, comme de nos jours, les magistrats adressaient des allocutions aux élèves. J'ai en mon pouvoir le manuscrit d'une de ces allocutions. Elle fut lue le 17 août 1759. L'auteur est M. Noble Guillaume Delvolvé, maire de Moissac. J'ai fait moi-même cette précieuse découverte à Malauze, dans la maison dont cette honorable famille n'a pas cessé d'être propriétaire. Obligé de me circonscrire, je ne peux que donner de mon mieux le ton général et comme le bouquet de ces pages vraiment remarquables. Vous y êtes, jeunes élèves, des nourrissons des muses et le collège est un sanctuaire consacré aux muses. Ce style peint une époque. Ne dirait-on pas un coup de pinceau de Boucher dans un portrait de Rollin, ou la coquetterie d'un vers de Gentil-Bernard dans un traité sur les tropes ? Ces livres « trophées de vos classiques victoires, sont différentes récompenses proposées généreusement, comme avec la célébrité d'un triomphe, pour aiguillonner l'émulation dans les uns en couronnant le mérite dans les autres. » Une longue page ne dirait pas plus que cette phrase si pleine, où l'idée complète s'est établie à l'aise dans la concision de la forme. C'est un ancien élève du collège qui parlait ainsi. Son fils, Jean Hugues Delvolvé, avocat général à la cour royale de Toulouse, sous la Restauration, a laissé dans cette ville un souvenir qui dure encore. Dans une satire politique intitulée les *Pritchardistes*, et publiée à Toulouse sur la fin du règne de Louis-Philippe, je me souviens d'avoir lu ce vers :

Delvolvé, parmi nous, était la loi vivante.

Le dernier rejeton de cette famille, sorti depuis trois ans de notre maison, continue brillamment à l'École de droit de Toulouse de si glorieuses traditions. Noblesse oblige. Sur les registres de l'Hôtel-de-Ville, il peut lire le nom de ses ascendants : « Pierre Delvolvé, capitoul en 1669. Son portrait fut brûlé par les Iconoclastes de 1793. » Il peut y lire aussi le nom de son sexti-aïeul : « Noble Jean Delvolvé de Peyronet, seigneur de Coulomiers, capitoul en 1692. » Son portrait et ses armes ont échappé à la destruction. Ils ont été transférés du Capitole au musée Saint-Raymond.

Certains auditeurs vont s'imaginer peut-être que, dans cette maison dirigée par des religieux, tout était agencé pour qu'il n'en sortît que des hommes trempés pour l'absolutisme religieux et politique. Les livres donnés en prix témoignent d'une préoccupation tout autre. J'ai dans ma collection quelques-uns de ces livres. En 1756, on donna en prix *la Henriade*. L'imprimerie n'avait pas alors, comme de nos jours, multiplié les productions de toute sorte. *La Henriade*, publiée d'abord sous un autre titre, était une grande nouveauté. Malgré la souplesse si élastique et si adroite de son caractère, malgré le crédit de ses nombreux et puissants amis, Voltaire n'avait pu obtenir du roi qu'il acceptât la dédicace de son poème. Le haut clergé l'avait poursuivi de ses murmures et la Sorbonne avait fulminé ses foudres contre lui. Aussi cette édition n'était-elle pas sortie de presses françaises ; elle avait été imprimée à Amsterdam chez François l'Honoré, probablement le fils de quelque proscrit de la révocation. Avant la Révolution, c'est de Suisse, d'Angleterre et de Hollande que la pensée française émigrante hirondelle, revenait au sol natal, furtive, déjouant tous les filets tendus pour arrêter son essor. Cet exemplaire est venu du château de Saint-Paul ; il porte, sur son couvert de basane, les armes de la ville avec cette inscription :

Ex munificentia civitatis Mossa censis.

Par la munificence de la ville de Moissac.

On donna cette même année Rousseau. Rassurez-vous, n'est pas l'auteur de la *Nouvelle Héloïse* et des *Rêveries d'un promeneur solitaire*, c'est l'habile artisan de style qui a fait passer dans notre langue les psaumes et enrichi notre littérature d'un genre nouveau, la *cantate*, c'est Jean-Baptiste. Le nom de Mlle Adèle de Mothes, écrit au verso du couvert et sur quelques marges, indique que le laurier appartenait à cette honorable famille.

Mais si l'auteur du *Contrat social* ne figure pas, par livres, parmi les trophées, il y figurait par un de ses précurseurs. En 1784, cinq ans avant la Révolution, on donna Montesquieu *Grandeur et Décadence des Romains l'Esprit des lois.* Ces deux ouvrages ne sortaient pas des mêmes presses. *L'Esprit des lois* avait été imprimé à Genève. Or, Rousseau, nous parlons cette fois de Jean-Jacques, n'a fait que développer la pensée républicaine de Montesquieu. Ce choix d'ouvrages, l'*Esprit des lois* surtout, révèlent, dans ces religieux, une liberté d'esprit, une indépendance de pensée qu'on chercherait bien vainement de nos jours dans des maisons analogues.

Les heureux lauréats appelés à recevoir, au milieu des applaudissements, ces beaux livres n'étaient pas avertis de leur triomphe par la sèche et rapide nomenclature de nos palmarès. Une pensée ingénieuse, mais sans indication précise de rang, appréciait dans une forme indécise et poétique le mérite des compositions. Cette pensée, renfermée dans un pli mystérieux, était remise à chaque élève. Le grand moment venu, le recteur, avec une solennité d'hiérophante, rompait le sceau. Le feu était sur tous les visages, l'impatience dans tous les yeux. Enfin, au milieu du silence général, on entendait cet appel :

« *Qui hanc sententiam habet accedat coronandus !* Que celui qui a cette sentence vienne recevoir la couronne ! »

Et le recteur lisait la pensée, arrêt de triomphe pour l'un, de désappointement pour le plus grand nombre.

En 1761, voici comment fut désigné l'élève vainqueur en philosophie :

« *Antonius Ducros totus aureus est.* Antoine Ducros est tout or. »

Si nous en jugeons d'après la brillante carrière courue par Antoine Ducros, nous ne pouvons qu'admirer tant de sûreté de jugement. Antoine Ducros fut inspecteur général des ponts et chaussées. Napoléon insista vainement, à plusieurs reprises, pour lui faire accepter le Ministère des Travaux publics.

Une suave odeur de printemps dut embaumer la salle quand le recteur ouvrit le pli où était jugée la composition de l'émule d'Antoine Ducros. Il s'appelait Lagrèze Rose. Voici ce que lut le Recteur :

« *Rosa ista suavissimos edit odores !* Cette rose exhale les plus doux parfums. »

Lagrèze ne fut pas ingénieur, ne fut pas ministre, mais après la Révolution, il rendit de nombreux services comme administrateur.

Si nous ne trouvons plus trace de la mine si riche en filons d'or à laquelle appartenait Ducros, l'arbuste qui produisit des roses si parfumées n'a pas laissé dessécher sa racine. La fructification a succédé à la floraison. La sévérité technique des nomenclatures de la science ne me permet pas de continuer la métaphore des bons Pères; cependant je ne puis ne pas dire combien a été grandi par son petit-fils le nom de l'émule d'Antoine Ducros. Dès sa première jeunesse, M. Rose-Adrien Lagrèze s'est épris d'un vif amour, non seulement pous ses homonymes fleuries, mais pour toutes les plantes; il a publié une *Flore du département de Tarn-et-Garonne*. Ces livres, malgré leur importance, ne s'adressant qu'à quelques adeptes disséminés; mais par son *Histoire de Moissac*, si savante et si complète, M. Lagrèze a conquis la généralité des lecteurs. L'intérêt des détails, la sagacité des interprétations archéologiques, le recueil complet des actes de droit administratif et coutumier, étendront l'autorité de ce livre bien au delà de l'étroite frontière qui a servi de cadre à ses récits et à ses tableaux. Voilà les fruits que contenait en germe la Rose dont le Recteur secoua sur les assistants la subtile essence aux exercices de 1761.

Dans le dernier baptême administré aux rues de la ville par les anabaptistes de la municipalité, le nom de M. Lagrèze a été donné à celle où est son habitation. Rien de plus légitime. Pouvait-on faire moins pour celui grâce à qui chaque quartier de Moissac a son histoire, depuis les temps les plus reculés jusqu'à nos jours ?

Que je voudrais vous laisser sous la douce impression de cet âge d'or dont je viens de tracer le tableau. Je ne puis. La muse de l'histoire est une muse implacable ; elle ne permet pas à celui qui a pris son style de s'oublier longtemps dans la peinture du bonheur. Il faut que, dans son livre, si humble qu'il soit, il synthétise, avec ses joies et ses douleurs, toute l'humanité. Un livre contemporain raconte que, dans un monastère d'Italie, un vieux moine, héritier de la filiation d'une pensée émancipatrice, s'était élevé aux pressentiments de notre société telle que la philosophie l'a faite. Quand les temps furent venus, il errait, sous les péristyles, obsédé par l'esprit prophétique et annonçant leur fin aux moines consternés ou scandalisés. Tout à coup les portes du monastère volèrent en éclats ; les notes vibrantes de la *Marseillaise* firent trembler ces voûtes qui n'avaient jusque-là connu que le chant des psaumes, et le malheureux tomba au pied des autels, assommé par la crosse d'un des soldats de la Révolution. L'éternelle histoire de l'initiateur tué par l'initié. N'est-ce pas un peu, moins la fin tragique, le sort des Doctrinai-

res de Moissac? Cette Révolution, pour laquelle ils avaie[nt]
fait éclater tant de sympathie, dont ils avaient infil[tré]
les principes dans l'esprit des jeunes gens confiés à leu[r]
soins, continuait, en brisant tous les obstacles, sa marc[he]
impassible. Le décret qui supprimait les congrégations [fit]
perdre aux religieux leur revenu de 8.822 francs. De gratu[it]
qu'il était, l'enseignement dut être rétribué. Ce n'est pas tou[t.]
A l'appel de la patrie en danger, quatre des plus jeunes Do[c-]
trinaires partirent de Moissac. Enfin, malgré la résistan[ce]
des habitants, le vénérable édifice devint prison des suspec[ts]
puis caserne de gendarmerie jusqu'en 1819. Comme le [dit]
spirituellement M. Roschach, « ce n'était plus le temps [des]
études silencieuses, des méditations claustrales, des longue[s]
conférences avec l'antiquité. Le bruit des canons de l'Europ[e]
faisait lever la tête à l'écolier penché sur ses livres, et c'éta[it]
devant les batteries de Montenotte et de Millésimo q[ue]
allait finir ses humanités. » Qu'étaient devenus, pendant [ce]
temps, les Doctrinaires et leur enseignement? Des Doct[ri-]
naires, il n'y en avait plus, du moins à l'état de grande [fa-]
mille religieuse, unie pour le bien, dans l'admirable ab[né-]
gation de toute volonté individuelle. Cette forte discipline [du]
vœu d'obéissance, qui avait fait sa force, elle l'avait lais[sé]
pénétrer par le génie philosophique du dix-huitième siècle.
Le décret de l'Assemblée nationale n'avait été que la tran[s-]
cription sur un registre d'état civil, de l'acte de décès d'un[e]
organisation ecclésiastique.

Nous n'avons pas à suivre, dans les directions où les [dis-]
persa leur patriotique activité, les pas de tous les maître[s de]
cette maison. Il en est un pourtant dont le nom, effacé [de la]
pénombre des traditions locales, a depuis rejailli avec éc[lat]
à la lumière ; c'est Lakanal. La ville de Foix lui a élevé u[ne]

— 33 —

statue, et un Lycée de Paris porte son nom que nous pouvons lire aussi sur la façade de l'aile droite du collège ; son boulevard est le boulevard Lakanal. La Révolution, plus fatalement logique que ses législateurs, qui avaient cru la fixer dans une constitution plus durable que l'airain, avait tout emporté dans l'ouragan du 10 août. Sur un terrain déblayé de toutes les institutions du passé, la Convention siégeait dans la plénitude de la souveraineté la plus illimitée qui fût jamais. Le 10 juin 1793, la grande assemblée est en séance. Il y a, pour un jour, trêve entre les partis, trêve de motions homicides. Nous sommes dans le temple serein des sages. Tous sont unis dans la même pensée : Fortifier les citadelles élevées par la science. Qui voyons-nous à la tribune ? Ce maître de qui vos aïeux et vos bisaïeux avaient appris les rudiments et les humanités, Lakanal, député de l'Ariège. Il est président du comité de l'Instruction publique. En sa qualité de rapporteur, il demande à l'Assemblée de décréter la réorganisation du Muséum d'histoire naturelle et du Jardin des plantes, dans le but, suivant son admirable expression, d'y ouvrir à la science le livre immense de la nature.

Trente ans plus tard, en 1823, un fait peu important, en apparence, tire des haines politiques, à côté desquelles il se produisit, une signification particulière. Lakanal exilé, était aux Etats-Unis, président de l'Université de la Louisiane. Il y recevait, en reconnaissance du décret du 10 juin 1793, un exemplaire de l'histoire du Muséum. Geoffroy Saint-Hilaire, sous-démonstrateur à vingt et un ans pour la zoologie, en avait fait l'envoi au nom de Daubenton, de Fourcroy, de Jussieu, de Lamark et de tous ses autres collègues. Si l'on veut par la pensée évoquer le souvenir de la ferveur religieuse avec laquelle les débris de l'ancien régime, revenus de toutes les routes de l'exil, s'agitaient comme autour d'un autel, au pied du vieux trône restauré, on ne pourra pas dénier à cet hommage son caractère de grandeur et de courage. Lakanal était régicide ; il avait voté la mort du roi sans appel ni sursis.

Est-ce à dire pourtant, qu'au milieu des commotions d'une époque si douloureusement éprouvée par l'enfantement d'une société nouvelle, Moissac était resté sans enseignement ? Non, certes ! Si quatre des plus jeunes Doctrinaires, à l'appel de la patrie en danger, étaient partis avec les volontaires de Moissac, trois régents étaient restés à leur poste avec le titre d'instituteurs. Lorsque vers la fin de 1792 l'Assemblée décréta la création de collèges de district et de département, l'administration municipale fit tous ses efforts afin d'obtenir à Moissac la création du collège de district sous la direction du citoyen Rivière, ci-devant professeur d'éloquence. La Société populaire des amis de la constitution agit dans le même sens auprès du Directoire départemental et sa démarche reçut l'accueil le plus favorable.

Cependant les quatre maîtres, partis comme volontaires, ne furent pas remplacés. Les maîtres restants firent de leur mieux pour suffire, sur tous les points, aux exigences du service. Vains efforts ! Le succès ne couronna pas tant de zèle et de dévouement. C'était le moment des quotidiennes tragédies de la Révolution. L'exacerbation politique, portée au paroxysme, relégua au dernier rang la question du collège dont on ne s'occupa presque plus. Sur ces entrefaites, la municipalité de Moissac reçut du Directoire départemental l'ordre de mettre les suspects en réclusion. Il fut obtempéré immédiatement à cet ordre. Et quel fut le bâtiment choisi

Ce fut le collège qui, pour faciliter la surveillance des détenus, devint aussi caserne de gendarmerie : une imitation en
petit de la sinistre Conciergerie de Paris, avec ses guiche-
tiers ombrageux, ses gendarmes et ses pâles détenus.

Quant à la chapelle, les motions violentes des clubs et
leur éloquence déclamatoire y avaient remplacé l'onction
mystique de la prédication chrétienne. Ses murailles ne
s'écroulèrent pas comme les remparts de Jéricho, lorsque à
l'inauguration des rites de la déesse Raison, des chœurs de
jeunes gens et de jeunes filles y entonnèrent, au lieu de
psaumes, des hymnes en l'honneur de la nouvelle divinité.
Quel imprévu revirement ! ce temple serein des muses, où
tant de générations avaient été formées à la piété et à l'urba-
nité par ces lettres si justement appelées humaines, n'était
plus que les gémonies des malheureux poursuivis par les
haines politiques les plus implacables qui aient été. Les
trois maîtres, sur qui reposait l'unique espoir de la reconstitution du collège, proscrits de leur maison jusque-là inviolée,
sans autre viatique que les ressources de Bias, après son
naufrage, demandèrent et obtinrent la maison que M. de
Cérat, parti pour l'émigration, avait laissée inhabitée. C'est
la maison située en face de la Sainte-Famille et de ce café du
théâtre, récemment disparu dans une catastrophe qui achève
de donner à ce quartier une certaine ressemblance avec la
Rome incendiée de Néron. Le prosaïsme égalitaire de notre
industrie moderne a enlevé à ce bâtiment tout cachet héral-
dique. Il en a été de même pour le marquisat de M. de Los-
tange. La solide et pittoresque construction de château fort,
qui se terminait en angle, vis-à-vis de la place où a été élevé
le théâtre, nul ne la soupçonnerait derrière cette succession
de boutiques variées de nos jours. Elles ont usurpé l'ouver-

ture spacieuse donnant sur les Récollets. Encore un joyau tombé de la ceinture architecturale de Moissac. Perte d'autant plus regrettable qu'on y pouvait visiter un appartement plusieurs fois habité par le roi Louis XIII pendant le siège de Montauban. La concession faite aux Doctrinaires de la maison de M. de Cérat fut inutile. Le coup porté avait été trop violent. Il fut impossible de réunir dans un centre commun les élèves déjà dispersés. Les maîtres eux-mêmes s'engagèrent dans d'autres voies. Le citoyen Rivière, ex-professeur d'éloquence, quitta la robe pour prendre l'écharpe municipale. Il fut maire de Moissac pendant la Terreur. Puis il passa de la théorie à la pratique de l'éloquence judiciaire, à la cour d'Agen en qualité de procureur général, sous la Restauration et sous le règne de Louis-Philippe. Il était encore en fonctions quand il mourut.

Moissac cependant ne resta pas sans école durant ce long intervalle. Il jouit de cette liberté d'enseignement tant réclamée par les déclamateurs ennemis de ce qu'ils appellent le monopole universitaire. C'est dans des quartiers séparés qu'eurent lieu dorénavant les initiations aux rites sacrés de la science et des lettres. L'unité fut absente de la doctrine. Il y eut à la fois diversité d'idées et diversité d'intérêts. Chaque maître enseignait pour soi et chez soi. A voir, avec leurs livres sous le bras, les jeunes écoliers se diriger par groupes, à travers les rues de la ville, on eût pu, avec un peu de bonne volonté et beaucoup de puissance d'illusion, se croire à Athènes, alors que l'Académie, le Lycée et le Portique se disputaient l'esprit de la jeunesse studieuse de toute la Grèce. Cet état de choses dura jusqu'en 1825. Toutefois, si dans l'élévation des plus sublimes spéculations la liberté parmi les routes qui conduisent au vrai fait découvrir des routes nouvelles, elle n'est pas sans inconvénients dans un enseignement élémentaire et classique qui exige plus de coordination. Ces inconvénients frappèrent l'administration. Tout était bien changé. Ce n'était plus le temps où les consuls, pour fonder l'enseignement à Moissac, tenaient tête aux Bénédictins et à leur abbé. Les consuls étaient déchus de leur grand nom. Chose surprenante ! ces magistrats, si pompeusement décorés de ce nom républicain illustré par Brutus, avaient été emportés eux aussi dans le naufrage de l'aristocratie et de la royauté. Leurs successeurs, sous des appellations différentes, avaient hérité de leur sollicitude pour la culture des intelligences. L'Etat tenait en main l'enseignement assujetti, comme toutes les autres administrations, à cette réglementation hiérarchique qui étend partout son réseau. C'est donc à l'État qu'il fallut s'adresser pour la restitution de l'ancien bâtiment à son ancienne destination. M. le baron Detours, maire, et le conseil municipal s'engagèrent à faire figurer au budget de la ville une subvention pour le traitement des maîtres. Et ici, c'est avec un légitime orgueil que, dans la solennité de la Restauration, nous pouvons citer le nom le plus vénéré dans les traditions religieuses de la contrée : le nom de Mgr de Cheverus. C'est Mgr de Cheverus qui, le 1er février 1826, suivi des autorités et du clergé de la ville, prit par la main ce nouveau Lazare et le releva vivant de son tombeau. Ne craignons pas d'être trop digressif en insistant sur ce nom que la charité et la tolérance ont rendu si glorieux. Nulle occasion plus favorable ne peut nous être donnée de mettre, dans tout son jour, l'influence de la France par ses hommes et par ses livres dans tous les pays. Le nom de Cheverus est aussi populaire aux Etats-Unis qu'en France. Dans l'introduction d'une nouvelle traduction des œuvres de Fénelon publiée à Boston, Channing, l'apôtre ardent de l'unitarisme qu'on a appelé lui-même le Fénelon américain, Channing écrit : Qui parmi nos maîtres en religion oserait se comparer au pieux Cheverus ? C'est excellent homme, nous l'avons vu dans nos rues, par le soleil le plus ardent de l'été, ou parmi les plus rudes assauts de l'hiver, marchant comme si la force de la charité l'armait contre les éléments; il nous a laissés, mais nous ne l'oublions pas. Cheverus n'oubliait pas non plus Channing et les Etats-Unis. Il avait rapporté de son passage, à travers les libres institutions de ce pays, cette tolérance large et féconde qui donnait à son apostolat un caractère si original. La réouverture du collège, présidée par lui est-elle autre chose que la réalisation de cette idée de Channing et de tout Américain véritablement animé de l'esprit de son pays : « C'est l'esprit qui a dompté la matière ; craindre que développer l'intelligence d'un peuple soit l'appauvrir, l'affamer, c'est avoir peur d'une ombre. Les moyens d'existence sont d'autant plus aisés qu'un peuple devient plus éclairé. »

Comment raconter cette troisième évolution du collège jusqu'à nos jours? C'est une histoire que tout le monde sait.

Le collège de Moissac a eu, dans cette période déjà longue, un grand nombre de principaux dont quatre prêtres. Le premier, l'abbé Salers, avait quitté l'administration pour la cure de Sainte-Catherine, mais, à cette époque, le collège et la cure de Sainte-Catherine n'était-ce pas tout un ? L'abbé Salers l'entendait bien ainsi. Il était plus universitaire que les universitaires. Investi, en qualité d'aumônier, de la direction spirituelle, il était loin de se croire dépouillé de tout pouvoir temporel, et il le prouvait surabondamment. De ce principaux prêtres, l'abbé Delon a eu une grande fortune universitaire; il a été aumônier à Louis-le-Grand. L'abbé Delon était un homme du monde, élégant, mielleux de parole et de style. Il a écrit quelques livres de piété. Ils sont empreints de cette onction mystique qui donne tant de charmes aux livres de Thomas à Kempis.

Nos petits collèges n'ont pas, en général, le don de satisfaire longtemps l'ambition de messieurs les principaux ; ils ne sont qu'une étape vers une position meilleure. Cependant nous pouvons citer la longue administration de M. Rieunier : elle a été féconde. C'est au collège de Moissac, et sous la direction de son père, que son fils, l'amiral Rieunier, fit ses premières études. L'imparité de cet opuscule plierait sous la mention de ses glorieux services et des hautes positions qui en ont été le couronnement. Amiral, ministre de la marine, commandant de nos forces navales dans la Méditerranée, son nom seul fait retentir dans toutes les mémoires, comme dans un écho, la religieuse mélopée de l'hymne russe mêlée à notre chant national qui, selon Michelet, a gagné toute la terre. Au lieu du branle-bas de combat, deux des plus formidables flottes du monde, l'Armada russe et l'Armada française, ont cimenté, dans d'inoubliables fêtes, une sainte alliance qui commande la paix sur tout le continent. A Gênes, au jubilé séculaire célébré en l'honneur de Christophe Colomb, les acclamations qui accueillirent notre flotte et la démonstration courtoise du roi Humbert et de la reine Marguerite purent faire renaître, pour un moment, l'illusion de cette fraternité d'armes où la France, le seul pays qui se batte pour une idée, arrosait de son sang, pour l'affranchissement de l'Italie, les champs de bataille de Magenta et de Solférino. Les mille voix de la presse rendent, pour le moment, inutiles de plus longs développements. Les futurs professeurs d'histoire les donneront aux générations qui doivent nous suivre.

Il est bien d'autres noms qu'autour de ce nom glorieux nous pourrions grouper : M. Alceste Baubi, de Lamagistère, sorti ingénieur de l'École polytechnique ; M. Maura, lieutenant de vaisseau, après avoir exercé le protectorat français auprès du roi de Cambodge, est venu mourir au milieu de nous. Les hautes positions sont la conquête légitime des bonnes études et de la ténacité dans le travail. M. Manau, après avoir joué un brillant rôle comme avocat, est procureur général à la Cour de cassation. Et nous avons la joie de voir encore au milieu de nous, jouissant de l'estime et de la sympathie générales, M. Bonnefous, retraité comme professeur de l'Ecole des sourds-muets de Paris, et M. Delor, ancien inspecteur des forêts, sorti de l'école de Nancy.

Sur les mêmes bancs s'assirent aussi Léon Cladel et Camille Delthil. C'est de cette confraternité d'école, dans la même classe, que date cette confraternité littéraire qui des deux familles ne faisait qu'une seule famille, quand la nostalgie de son Quercy ramenait Cladel parmi nous. M. Rieunier, à la fois principal et professeur de troisième, était leur maître. Cladel m'a plusieurs fois vanté son enseignement et l'excellence lumineuse de sa méthode. Il avait emporté et précieusement conservé dans son bagage mnémotechnique des fragments des *Géorgiques* qu'il aimait à me réciter. Ne trouvons-nous pas, dans la plupart des peintures rustiques de ses romans, comme un reflet de la perfection virgilienne ? A son second voyage à Moissac, il répondit à ma première pression de main par ce vers du combat de taureaux :

Pascitur in Silà magnà formosa juvenca...

Grâce à ces deux inséparables noms de Cladel et de Delthil, le Quercy n'aura pas à envier à la Bretagne, Brizeux et ses autres bardes, à la Provence, Autran et ses félibres, à l'Agenais, ce perruquier dont Charles Nodier patronna *les Papillotes* et que Sainte-Beuve, dans ses *Lundis*, qualifia de Théocrite patois.

La spécialité de notre étude commande impérieusement de distinguer par une mention particulière cette élite de jeunes gens éparpillée partout, qui contribue, pour sa bonne part, à la gloire de notre enseignement contemporain. Toutefois, dans cette nomenclature, nous négligerons les travailleurs obscurs; les noms rares et dominants seuls nous arrêteront.

M. Izoulet, professeur de philosophie au Lycée Condorcet, vient de conquérir le diplôme de docteur avec d'autant plus d'éclat que sa thèse est un champ de bataille où il y a eu à défendre ses idées contre une coalition. Et cependant, cette thèse est, par sa conclusion, un champ de pacification universelle. De toutes les prémisses du livre découle comme conséquence l'association créant la cité. « L'humain troupeau, dit l'auteur, se presse, se serre, s'agrège, mû par l'instinct sacré de la conservation. Et c'est... la cité. » *La Cité moderne.*

Un autre normalien, M. Bazaillas, de Lamagistère, occupe la chaire de philosophie au collège Stanislas. Sur sa demande, il fut, pour ses débuts, nommé au lycée de Montauban. Ce voisinage rend inutile tout détail sur l'éclat de son enseignement. C'est du lycée de Clermont-Ferrant qu'il a été appelé à Paris. Il ne s'est pas éloigné de cette ville sans lui laisser, comme souvenir de son passage, une remarquable étude sur Pascal. M. Bazaillas n'oublie ni son pays, ni ses anciens maîtres, ni notre collège dont il est une des gloires. C'est à ses congés, au milieu de nous, que l'Université doit une conquête bien précieuse, M. Gabriel Cazals, aujourd'hui professeur de philosophie au lycée de Rochefort. Tout devait retenir M. Cazals au sein de sa famille dont il est l'unique amour et l'orgueil bien légitime : sa fortune, ses idées, son éducation. M. Bazaillas n'a pas eu à recourir aux stratagèmes d'Ulysse pour l'amener du camp des Troyens dans le camp des Grecs. La fascination irrésistible de son caractère et l'attrait scientifique de sa conversation ont suffi pour le gagner à la philosophie. M. Gabriel Cazals n'est pas un normalien. C'est en Sorbonne qu'il a été préparé à affronter en vainqueur le concours d'agrégation de philosophie.

Nous ne rentrerons pas de Paris en Province sans faire une visite au collège Rollin où enseigne M. Edmond Vidal, agrégé de grammaire. Son frère, licencié ès lettres, est professeur de rhétorique à Villefranche-de-Rouergue. M. Edmond Vidal était déjà, en seconde et en rhétorique, un humaniste plein de finesse. Gambetta n'avait pas eu à s'écrier « Les Barbares ! Vous en êtes bien sûr ? ils ont vraiment aboli le *conciones ?* Si l'on ne m'abolit pas moi-même demain, je vous jure que nous le rétablirons après-demain, Edmond Vidal en était saturé ainsi que de Virgile et d'Horace. Il jouait de la phrase latine avec autant de facilité que de la phrase française. Au concours général des lycées et collèges de l'Académie de Toulouse, il remporta un premier prix de discours latin. Un soustracteur d'autographes peu scrupuleux m'a dérobé une composition en vers latins que j'avais précieusement gardée. Il la fit sur la fin de la seconde. Le sujet était : *Épitaphe de Delille.* J'avais donné quelques

— 43 —

lignes, il me remit vingt-deux vers exquis ; il y avait enchâssé, comme des pierres fines dans de l'or, quelques centons tirés d'Horace et des élégies d'Ovide. M. Edmond Vidal a pris l'agrégation de grammaire pour les colonnes d'Hercule ; il a eu tort. De la persévérance et un peu plus d'ambition pouvaient le faire monter bien au-dessus du rang auquel il s'est trop facilement résigné.

Et maintenant sorti de l'enceinte de Paris, nous pourrions citer des noms sous toutes les latitudes. Nous ne sortirons pas de nos frontières de France.

M. Labroue, agrégé d'histoire, est proviseur au lycée de Périgueux. L'affaiblissement de la vue le contraignit de descendre momentanément de la chaire d'histoire du lycée de Bordeaux et de se démettre de la direction du *Journal de Géographie commerciale*. Son repos forcé n'a pas été un repos stérile. Les événements actuels de l'Extrême-Orient donnent un intérêt particulier à son livre : l'*Empire du Japon*, édité avec luxe par la maison Barbou, avec une préface de M. Foncin, inspecteur général de l'Université.

Mais ce qui signale et signalera toujours M. Labroue aux rénovateurs de nos Annales historiques, c'est *Bergerac sous les Anglais* et le *Livre de vie*. Ces deux forts volumes font partie de la riche et élégante collection consacrée par MM. Gounouilhou, aux œuvres qui intéressent la Gironde et les régions environnantes. Le *Livre de vie* est le martyrologe de la Guyenne et surtout du Périgord au quatorzième siècle. Le *Livre de vie* a été écrit en patois par les Jurats de Bergerac. On y trouve, notés jour par jour, les brigandages des grands, « afin que, le temps venu, on puisse les montrer devant le Seigneur. »

Liber scriptus proferetur,
Quidquid latet apparebit
Nil multum remanebit.

M. Labroue dit dans le préambule où nous trouvons comme un écho de l'accent ému de Michelet :

« Pendant que nous traduisions ce document, nous avons entendu qu'il en sortait des voix et des plaintes. C'était comme les âmes de nos ancêtres qui, du fond du passé, nous criaient : Nous avons beaucoup souffert ; on nous a spoliés, volés, battus, outragés ; notre misère fut horrible ; le brigandage des Grands fut atroce. Rappelez à nos descendants les dévastations en règle, les chevauchées sanglantes, faites revivre nos douleurs. Faites connaître à notre Périgord, trop oublieux, les noms des victimes et ceux des brigands que nous vous livrons. Nous avons entendu cet appel, et par cette poudre de nos archives nous avons communié avec eux et nous avons analysé avec un soin filial le *Livre de vie*..... »

Ce n'est pas sans fierté que nous insistons sur ce nom d'un Moissagais, bénédictin laïque, qui a conquis un rang si important parmi nos historiens.

Cette nomenclature est déjà longue. Il serait criminel de ne pas l'allonger par une mention spéciale accordée aux deux MM. Sirben, si enviés de toutes les familles, pour leur tenue irréprochable et la dignité sans tache de leur vie. Ces deux frères Siamois du collège obtinrent, haut la main, leur diplôme de bâchelier ès lettres dans la même session. Aujourd'hui, M. Victor Sirben, agrégé de grammaire, professeur de troisième au lycée de La Rochelle. M. François Sirben, contraint par son médecin d'abandonner l'enseignement militant, est entré dans l'administration. Il est économe au lycée de Laon.

Ce n'est pas sans déchirement de cœur que je me sépare de ces bons jeunes gens au milieu desquels j'ai passé les moments les moins troublés de ma vie. Arrêté sur le seuil, je ne m'en arrache que tiré par les deux bras. Il me reste du moins une consolation. Comme Énée, mettant à la voile pour son long voyage épique, je n'ai pas à dire :

> J'abandonne à regret tout ce qui fit ma joie,
> Le rivage, le port et le champ où fut Troie...
> *Et campos ubi Troja fuit...*

Troie est encore debout, prête à ajouter de nouveaux cycles aux cycles que je viens de raconter.

Il est bien d'autres noms que j'aurais voulu citer. Le silence, ma dernière leçon, apprendra qu'on n'émerge pas d'une obscurité, si utile qu'on y soit, vers les hautes positions, sans fouler d'un pied persévérant l'âpre sentier du travail.

Cependant, il en est deux, parmi ces résignés, qu'il serait injuste de ne pas relever de l'ostracisme de mon silence : M. Cavaillé, licencié ès lettres, et M. Calmels, de Villebrunier. Je les amnistie d'autant plus volontiers qu'ils sont passionnés pour l'étude, et que ce ne sont pas les délices de Capoue qui les attardent dans les rangs inférieurs. Je me suppose encore en classe avec eux, commentant ce vers d'Horace.

> *Pluribus intentus minor est ad singula sensus.*
> Qui trop embrasse...........

Ici s'arrête notre travail. Les services rendus, ce sont les

— 46 —

titres de noblesse des collèges. Comme l'arbre de l'Évangi[le]
on les reconnaît à leurs fruits.

Il manquerait une page à ce livre d'or de la jeunesse st[u]-
dieuse de Moissac si j'omettais le nom de M. Edmo[n]
Lafargue, licencié ès lettres et professeur de seconde a[u]
lycée d'Alby. M. Lafargue est plus qu'un fin lettré, c'est u[n]
bon cœur. Bien d'autres, comme lui, se seraient laissé arrêt[er]
dans leur essor vers les sommets universitaires po[ur]
lesquels il était fait. Où peut-on être mieux qu'au sein de [la]
famille ? surtout quand à tous les autres charmes s'ajou[te]
ce charme positif qui coupe les ailes à bien des ambition[s.]
Sa ferveur d'humaniste n'en a pas été attiédie, ses élèves
savent bien. L'an dernier, les lettrés de Toulouse et de [la]
région ont couvert d'applaudissements l'amateur de ch[ry]-
santhèmes.

Encore une réflexion. Que serait-il advenu de tous c[es]
jeunes hommes et de tant d'autres dispersés dans toutes [les]
carrières, si la généreuse municipalité, si bien inspirée p[ar]
M. le baron Detours, n'eût pas, en reconstituant le collè[ge,]
mis l'instruction à portée des modestes familles qu'ont re[le]-
vées de quelque vernis les noms cités dans cet hum[ble]
opuscule ?

Toulouse, Imp. DOULADOURE-PRIVAT, rue S'-Rome, 39. — 386.

www.ingramcontent.com/pod-product-compliance
Lightning Source LLC
Chambersburg PA
CBHW070659050426
42451CB00008B/435